192938

El MUNDO de los
INSECTOS

INSECTOS
ÚTILES Y DAÑINOS

Molly Aloian y Bobbie Kalman
Crabtree Publishing Company

www.crabtreebooks.com

Creado por Bobbie Kalman

Dedicado por Vanessa Parson-Robbs
Para mis padres, Ken y Cindy, cuyo amor, fortaleza y amabilidad me inspiran

Editora en jefe
Bobbie Kalman

Equipo de redacción
Molly Aloian
Bobbie Kalman

Editora de contenido
Kathryn Smithyman

Editoras
Kristina Lundblad
Kelley MacAulay
Reagan Miller
Rebecca Sjonger

Diseño
Margaret Amy Reiach
Samantha Crabtree (portada)
Mike Golka (logotipo de la serie)

Coordinación de producción
Katherine Kantor

Investigación fotográfica
Crystal Foxton

Consultora
Patricia Loesche, Ph.D., Programa sobre el comportamiento de animales, Departamento de Psicología, University of Washington

Consultor lingüístico
Dr. Carlos García, M.D., Maestro bilingüe de Ciencias, Estudios Sociales y Matemáticas

Agradecimiento especial a
Virginia Mainprize, Aimee Lefebvre, Alissa Lefebvre y los Centros para el control y la prevención de enfermedades (CDC, *Centers for Disease Control and Prevention*)

Ilustraciones
Barbara Bedell: páginas 10, 27 (mosquito), 31 (flor)
Katherine Kantor: página 5 (libélula)
Vanessa Parson-Robbs: páginas 7, 17 (vela), 20, 21, 27 (piojo), 31 (vela)
Margaret Amy Reiach: páginas 5 (hormiga), 11, 25 (lupa)
Bonna Rouse: páginas 5 (abeja), 9, 13, 14, 17 (abejas), 23, 25 (pulga), 27 (pulga), 31 (todas excepto la vela y la flor)

Fotografías
Bruce Coleman Inc.: Robert Gossington: página 28
© CDC: James Gathany: página 26
Omni Photo Communications Inc./Index Stock: página 15
Bobbie Kalman: página 21
James Kamstra: página 19 (parte superior)
Robert McCaw: páginas 10, 11, 12 (parte inferior), 20
Minden Pictures: Mitsuhiko Imamori: página 29 (parte inferior)
© stephenmcdaniel.com: páginas 17, 23
Otras imágenes de Brand X Pictures, Corel, Digital Stock, Digital Vision, Otto Rogge Photography y Photodisc

Traducción
Servicios de traducción al español y de composición de textos suministrados por translations.com

Crabtree Publishing Company

www.crabtreebooks.com   1-800-387-7650

Cataloging-in-Publication Data
Aloian, Molly.
[Helpful and harmful insects. Spanish]
Insectos útiles y dañinos / written by Molly Aloian and Bobbie Kalman.
   p. cm. -- (El mundo de los insectos)
Includes index.
ISBN-13: 978-0-7787-8497-5 (rlb)
ISBN-10: 0-7787-8497-5 (rlb)
ISBN-13: 978-0-7787-8513-2 (rlb)
ISBN-10: 0-7787-8513-0 (pbk)
1. Insect pests--Juvenile literature. 2. Beneficial insects--Juvenile literature. I. Kalman, Bobbie, 1947- II. Title. III. Series.
SB931.3.A4618 2005
632.7--dc22

                                   2005036520
                                   LC

Publicado en los Estados Unidos
PMB16A
350 Fifth Ave.
Suite 3308
New York, NY
10118

Publicado en Canadá
616 Welland Ave.,
St. Catharines, Ontario
Canada
L2M 5V6

Publicado en el Reino Unido
White Cross Mills
High Town, Lancaster
LA1 4XS
United Kingdom

Publicado en Australia
386 Mt. Alexander Rd.,
Ascot Vale (Melbourne)
VIC 3032

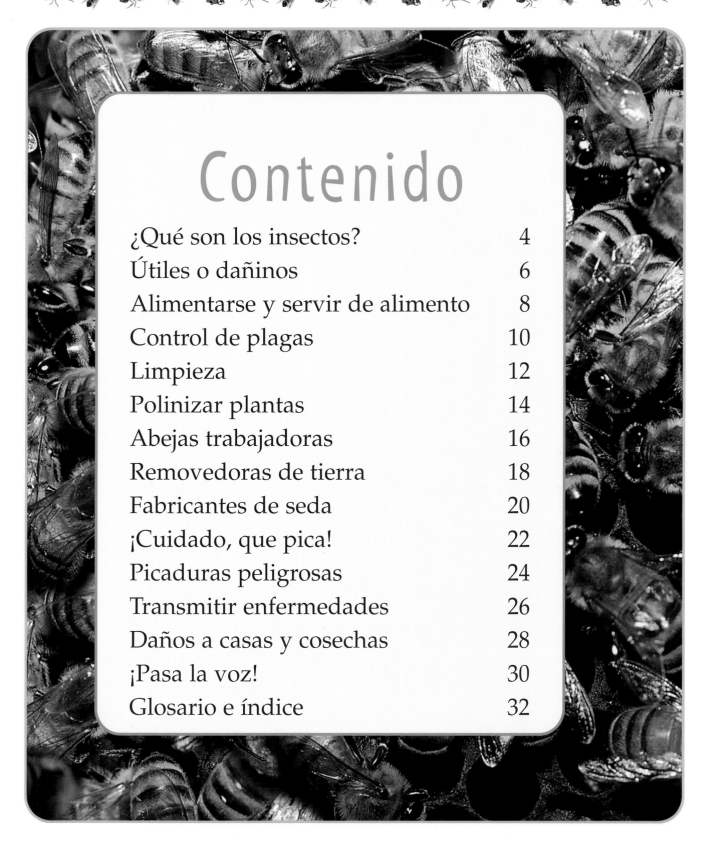

Contenido

¿Qué son los insectos?

El exoesqueleto de los insectos está formado por un material duro llamado **quitina**.

Los **insectos** son animales **invertebrados**. Los animales invertebrados no tienen **columna vertebral**. La columna vertebral es un conjunto de huesos que se encuentra en la parte media de la espalda del animal.

Cubiertas duras

Los insectos pertenecen a un grupo grande de invertebrados llamados **artrópodos**. Todos los artrópodos tienen una cubierta dura llamada **exoesqueleto**.

El exoesqueleto cubre todo el cuerpo del insecto, incluso las patas y la cabeza. El exoesqueleto protege el cuerpo del insecto como una armadura.

El cuerpo de los insectos

El cuerpo de los insectos tiene tres secciones principales: cabeza, **tórax** y **abdomen**. Todos los insectos tienen seis patas. Las patas están fijas al tórax.

cabeza

tórax

abdomen

La libélula tiene dos pares de alas.

La abeja tiene un par de alas.

¿Sabías que…?

La mayoría de los insectos tienen alas. Unos tienen un par de alas. Otros tienen dos pares. Las alas están fijas al tórax del insecto y le sirven para volar de un lugar a otro.

¿Útiles o dañinos?

Muchos insectos son útiles para otros seres vivos.
Por ejemplo, sirven de alimento para muchos animales.
Si no hubiera insectos, los animales no tendrían
alimento suficiente para comer. Los insectos también
ayudan a las plantas. Algunas plantas necesitan el
polen de otras plantas para producir semillas.
Sin semillas, no crecerían nuevas plantas. Los
insectos como las abejas y las mariposas
transportan polen de una planta a otra.

Plagas de insectos

No todos los insectos son útiles para otros seres vivos. Muchas personas creen que ciertos insectos son dañinos. Los llaman **plagas**. Muchas plagas se comen las **cosechas**. Las cosechas son las plantas que la gente cultiva para comer. Otras plagas muerden y pican a las personas.

Las cucarachas son plagas cuando viven en las casas de las personas. Estos insectos pueden transportar **microbios** *que causan enfermedades.*

La avispa es un insecto que pica. La mayoría de las personas se alejan de las avispas porque no desean que las piquen.

Alimentarse y servir de alimento

Los insectos herbívoros comen muchas plantas. La mayoría sólo se come ciertas partes de las plantas. Algunos sólo se comen las hojas y otros se comen los tallos o las flores.

Todos los animales deben comer para sobrevivir. Los animales que comen plantas se llaman **herbívoros**. Los que se comen a otros animales se llaman **carnívoros**. Algunos comen tanto plantas como animales y se llaman omnívoros.

¿Qué comen los insectos?

Los saltamontes, los grillos y las cigarras son herbívoros. Se alimentan de hojas y tallos. La mantis religiosa, como la que está a la izquierda, y ciertas moscas son insectos carnívoros. Se alimentan de otros animales, ¡incluso de otros insectos! Las hormigas son omnívoras. Comen tanto plantas como otros animales.

Alimento para muchos animales

Las libélulas y las avispas son insectos que se comen a otros insectos. Las arañas, los escorpiones, las musarañas, los muerciélagos, las aves, las ranas y los lagartos son otros animales que comen insectos. Sin insectos, estos animales no tendrían alimento suficiente para comer.

Muchas arañas comen insectos. Esta araña capturó una polilla en su telaraña.

¿Sabías que...?

Ciertas clases de plantas son carnívoras. La *Sarracenia purpurea* y la Venus atrapamoscas son plantas carnívoras que comen insectos. Estas plantas atrapan y se comen moscas, avispas y hormigas.

La Sarracenia purpurea, *que está a la derecha, tiene una mezcla de líquidos en la parte inferior de la especie de jarra que forma con las hojas. Los insectos caen en el líquido y se ahogan.*

9

Control de plagas

Estos pulgones chupan los jugos de un algodoncillo. Cuando se terminan los jugos, la planta muere.

Algunos insectos les sirven a las personas y a otros seres vivos porque se comen las plagas. Sin estos insectos útiles, habría demasiadas plagas.

¡Mariquitas al rescate!

Las mariquitas son insectos útiles porque se comen a los pulgones. Los pulgones son pequeños insectos que chupan los jugos de las plantas. Algunas personas creen que los pulgones son plagas porque se comen los cultivos. También se comen el algodoncillo, que es un alimento importante de otros insectos. Al comerse a los pulgones, las mariquitas evitan que éstos dañen las plantas.

Alimento para las orugas

Las mariposas monarcas ponen sus huevos sólo en las hojas de algodoncillo. Las orugas que salen de esos huevos sólo comen algodoncillo.

Ayudar a las monarcas

Las mariquitas ayudan a las mariposas y orugas monarcas al comerse los pulgones. Si no hubiera mariquitas, probablemente no habría lugares suficientes para que las mariposas monarcas pusieran huevos. Las orugas monarcas no tendrían algodoncillo suficiente para comer.

Las orugas monarcas necesitan comer algodoncillo para convertirse en mariposas monarcas.

Limpieza

Este escarabajo Nicrophorus americanus *es carroñero. Está comiéndose el cuerpo de un animal muerto.*

Los animales **carroñeros** comen plantas o animales muertos o a punto de morir. Algunos también se alimentan de desechos de animales. Los carroñeros ayudan a mantener limpia la naturaleza. Si no hubiera carroñeros, los desechos se acumularían en la tierra. Las nuevas plantas no tendrían el espacio necesario para crecer. El desecho de los seres muertos también puede hacer que otros seres vivos se enfermen.

Estas moscas Phaenicia sericata *son carroñeras. Se están comiendo a un pez muerto.*

¿Sabías que…?

Los escarabajos estercoleros son carroñeros. Se alimentan de excrementos de animales. Las hembras ponen los huevos dentro de los excrementos. Las crías de los escarabajos estercoleros, llamadas **larvas**, salen de los huevos y comienzan a alimentarse de los excrementos inmediatamente. Los escarabajos estercoleros son insectos útiles porque comen algo que muy pocos animales comen.

El escarabajo estercolero usa las patas para formar bolas apretadas con el excremento. Luego, las hembras ponen los huevos dentro de las bolas. Las larvas que salen de los huevos no tienen que ir muy lejos para comer su primer alimento.

Polinizar plantas

Los insectos ayudan a transportar el polen de una planta a otra. Este proceso se llama **polinización**. Cuando las abejas y otros insectos se posan en las flores para beber **néctar** o comer polen, parte del polen de las flores se les pega al cuerpo. La abeja que ves arriba está cubierta de polen. Transportará el polen a la siguiente flor en la que se pose y se producirá la polinización.

Aspectos y aromas

Las plantas que necesitan insectos que las polinicen generalmente tienen flores de colores brillantes y **aromas** u olores dulces. Los colores brillantes y los aromas dulces les indican a los insectos que las flores tienen polen o néctar. A medida que van de flor en flor para alimentarse, los insectos polinizan las flores.

¿Sabías que…?

Muchas de las frutas y verduras que comemos necesitan de insectos que polinicen las plantas que las producen. Las naranjas, las cebollas y las fresas crecen en plantas que los insectos polinizan. Si no hubiera insectos, las plantas no podrían crecer.

Esta mariposa se alimenta del néctar de una flor de manzana. A medida que la mariposa se alimenta, poliniza la flor. El manzano no podría dar manzanas sin la polinización.

15

Abejas trabajadoras

*La abeja tiene en la cabeza un tubo largo y fino llamado **probóscide**. La probóscide le sirve para chupar el néctar de las flores.*

Ciertos insectos son útiles de muchas formas. Las abejas polinizan las flores pero también producen miel y **cera de abejas** dentro del cuerpo. La miel es comestible y la cera de abejas sirve para hacer velas, crayones e incluso algunos caramelos.

Apicultores

La mayoría de las abejas hacen nidos llamados **colmenas**. Otras abejas viven en colmenas construidas por los **apicultores**. Estas colmenas se llaman **apiarios**. Las abejas salen de los apiarios para juntar polen y néctar de las flores. Traen el néctar al apiario y lo convierten en miel. La miel alimenta a todas las abejas de los apiarios.

Almacenamiento

Las abejas almacenan la miel en pequeñas **celdas** dentro de los apiarios. Hay cientos de celdas en cada apiario. Cuando las celdas están llenas de miel, las abejas las cubren con tapas de cera de abejas.

Hora de recolectar

Cuando es tiempo de recolectar la miel, los apicultores retiran la cubierta de cera y extraen la miel de las celdas. Los apicultores también conservan la cera. Algunos venden la miel y la cera de abejas en los mercados. Otros las venden a las fábricas.

Las abejas producen más miel de la que necesitan. Este apicultor junta la cera de abejas y la miel que las abejas no usan.

Removedoras de tierra

Algunas clases de hormigas y termitas son útiles porque cavan en el suelo a medida que construyen su nido. Al cavar en el suelo, ayudan a mantenerlo **fértil**. El suelo fértil tiene muchos **nutrientes**. Los nutrientes son sustancias naturales que ayudan a las plantas y animales a crecer y permanecer sanos. En el suelo fértil pueden crecer muchas plantas. Estas plantas sirven de alimento a muchas clases de animales, incluso a varios tipos de insectos.

Millones de termitas viven dentro de este nido de termitas.

A mezclarlo

Las capas profundas del suelo generalmente tienen muchos nutrientes. A medida que las hormigas y las termitas cavan, empujan hacia arriba las capas profundas del suelo. Luego, mezclan las capas. Esta mezcla ayuda a mantener fértiles las capas superiores del suelo.

Las hormigas usan las patas para cavar en la tierra.

Fabricantes de seda

Las orugas del gusano de seda son útiles para los seres humanos. Justo antes de convertirse en mariposas o polillas adultas, las orugas tejen **capullos** de **seda** a su alrededor. Todas las orugas fabrican seda dentro del cuerpo, pero las orugas del gusano de seda tejen capullos de seda suave. Esta seda se usa para fabricar telas para ropa. La tela recibe también el nombre de seda.

Esta oruga gigante del gusano de seda teje un capullo de seda a su alrededor.

Tejedoras suaves y sedosas

Ciertas clases de orugas del gusano de seda
son **animales domésticos**. Los animales
domésticos se crían en compañía del
hombre y están al cuidado de éste.
Las orugas del gusano de seda que se
alimentan de morera son domésticas.
La mayoría de la ropa de seda
se hace en las fábricas con los
capullos de las orugas del gusano
de seda que se alimentan de
moreras. La ropa de seda es
brillante, fuerte y suave.

Estas niñas llevan blusas de seda.

¿Sabías que...?

Una oruga del gusano de seda
puede tejer aproximadamente
seis pulgadas (15.2 cm) de seda
en un minuto. Una larga hebra de seda
sale de la boca de la oruga. La seda se usa
para hacer vestidos, pijamas, bufandas, sábanas,
corbatas y cortinas. ¡Se necesitan más de 1,000 capullos
de seda para fabricar la tela de un solo vestido de seda!

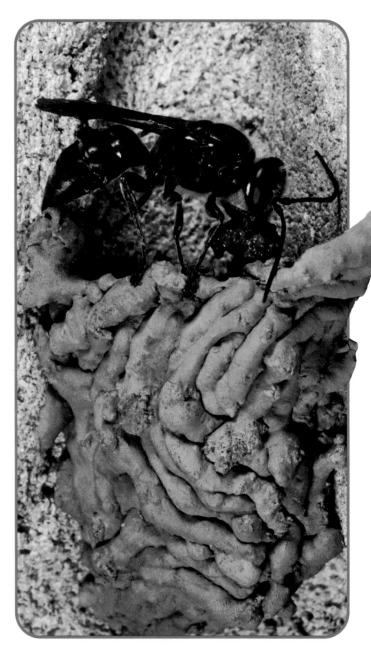

¡Cuidado, que pica!

Esta avispa está haciendo un nido. Las avispas a menudo pican a las personas o animales que molestan su nido.

Muchas de las cosas que hacen los insectos son útiles para las personas. Sin embargo, los insectos a veces hacen cosas dañinas. Algunos insectos pican pero sólo lo hacen para protegerse o para matar a otros animales que les sirven de alimento.

¡Ay, cómo pica!

Los insectos que pican introducen su **aguijón** en otros animales e inyectan **veneno**. El veneno provoca una sensación de picazón. Las picaduras de insectos generalmente se ponen rojas, duelen, se irritan y se hinchan.

¿Sabías que…?

Algunos insectos sólo pueden picar una vez. Las abejas hembra pueden picar sólo una vez y luego mueren. Otros insectos pueden picar más de una vez. Las avispas amarillas, los avispones y las avispas comunes pueden picar una y otra vez.

aguijón

Después de picar, la abeja hembra se va volando. Al hacerlo, el aguijón se le desprende del cuerpo. La abeja muere al poco tiempo de haber picado a un animal o persona.

Picaduras peligrosas

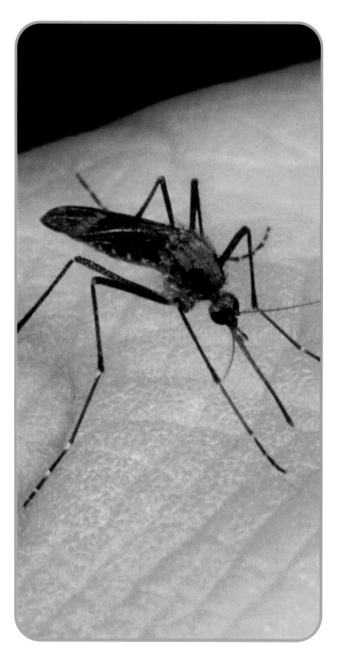

No todos los mosquitos pican. Sólo ciertos tipos de mosquitos pican a las personas y a otros animales.

Los mosquitos y las pulgas son insectos que pican a las personas y a otros animales. Las picaduras de los mosquitos y pulgas también se ponen rojas y se irritan. Además, pueden hacer que algunas personas o animales se enfermen.

¿Sabías que...?

Sólo los mosquitos hembra, como el que ves a la izquierda, pican a las personas y animales. Las hembras pican para chupar sangre. Necesitan sangre para poner los huevos. La sangre tiene los nutrientes que los mosquitos hembra necesitan para sus huevos.

Parásitos molestos

Algunos insectos son **parásitos**. Los parásitos viven en la piel o el interior del cuerpo de los animales. Los seres vivos que tienen parásitos se llaman **huéspedes**. Los parásitos pican al huésped y se alimentan de su cuerpo o sangre. Pueden hacer que el huésped se enferme. Sin embargo, no lo hacen a propósito. Como todos los animales, los parásitos necesitan alimento y lugares donde vivir.

Las pulgas son parásitos que viven en el cuerpo de perros y gatos. Los dueños pueden dar medicamentos a sus mascotas para asegurarse de que no tendrán pulgas.

Transmitir enfermedades

Algunos insectos que pican son dañinos porque transmiten **enfermedades**. Las enfermedades son alteraciones de la salud. Los mosquitos son insectos que transmiten enfermedades. Cuando un mosquito bebe la sangre de un animal enfermo, adquiere la enfermedad del animal. Luego la puede transmitir al siguiente animal o persona que pique.

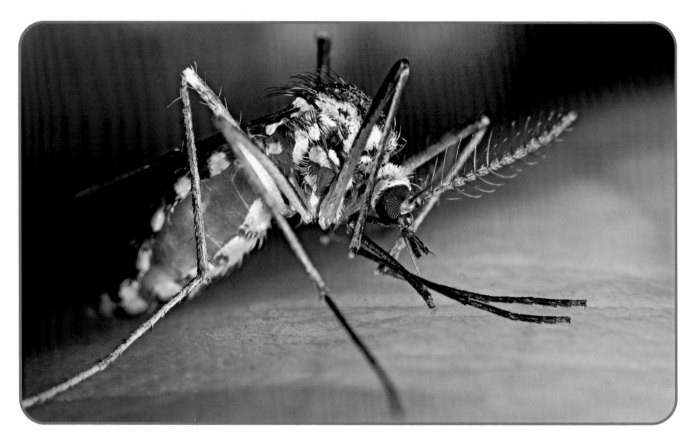

Algunas pulgas transmiten enfermedades. Una pulga que tiene una enfermedad puede transmitirla a los animales y personas que pica.

¿Sabías que…?

Los mosquitos pueden transmitir enfermedades peligrosas, como el tifus, la **malaria** y la **encefalitis del Nilo Occidental** a animales y personas. Algunas de estas enfermedades se pueden tratar o curar. Pero muchas personas y animales mueren a causa de ellas.

Algunos tipos de piojos pueden transmitir el **tifus.** Cuando los piojos pican a personas o animales que tienen tifus, pueden transmitirle la enfermedad al siguiente ser vivo que piquen.

27

Daños a casas y cosechas

Algunos insectos herbívoros son dañinos para las personas porque comen madera. Estos insectos pueden destruir árboles y edificios de madera. Otros insectos herbívoros son dañinos porque se alimentan de las cosechas y las destruyen.

Xilófagos

Las termitas que ves a la izquierda son insectos xilófagos, es decir, que comen madera. Pueden destruir árboles y edificios de madera. Las termitas que comen madera viven dentro de la madera que se comen. Pueden demoler pisos o paredes de madera. ¡A veces destruyen casas enteras!

Destrucción de cosechas

Algunos insectos se alimentan de papa, maíz, frutas y otras cosechas que los agricultores cultivan. Al comer los cultivos, los insectos dañan las cosechas. Un **enjambre** de langostas, como el que ves abajo, puede comerse miles de cultivos en cuestión de horas. Un enjambre es un gran grupo de insectos que se desplazan juntos.

Muchos tipos de orugas se alimentan de las cosechas que cultivan los agricultores.

Los enjambres de langostas están formados por millones de langostas. Los enjambres viajan largas distancias y comen muchas plantas en su camino.

¡Pasa la voz!

Algunos insectos pueden dar miedo, pero sólo tratan de sobrevivir. Ciertos insectos pueden ser dañinos para las personas, pero hay muchos más insectos útiles que dañinos.

Haz carteles

Puedes enseñarles a tus familiares y amigos sobre los insectos útiles. Haz un cartel con ilustraciones de insectos útiles. Luego, enumera las formas en que estos insectos son útiles para otros seres vivos. Los pasos de la siguiente página te ayudarán a comenzar.

¡Comienza dibujando!

Usa este libro para elegir uno o más insectos útiles para tu cartel. Puedes hacer dibujos de insectos que polinizan plantas, como las mariposas, las polillas y las abejas. Luego, escribe sobre cómo ayudan a las plantas. Puedes elegir a los carroñeros o puedes dibujar algunos de los insectos que sirven de alimento a otros animales. Observa el cartel de esta página para tener algunas ideas.

Busca en Internet o visita la biblioteca para aprender sobre muchas otras clases de insectos útiles.

La verdad sobre las abejas

Las abejas producen miel dulce para que yo coma.

Las abejas producen cera de abeja que se usa para hacer velas.

Las abejas polinizan las flores y ayudan a que crezcan nuevas plantas.

Las abejas sirven de alimento para otros animales.

Glosario

Nota: Es posible que las palabras en negrita que están definidas en el texto no figuren en el glosario.

apicultor Persona que cría y cuida abejas

capullo Envoltura de seda que las orugas tejen a su alrededor antes de convertirse en mariposas o polillas

celda Espacio pequeño y cerrado

cera de abejas Sustancia que las abejas fabrican dentro del cuerpo

encefalitis del Nilo occidental Enfermedad causada por el virus del Nilo Occidental y transmitida por mosquitos; causa fiebre, dolor de cabeza y sarpullido

malaria Enfermedad transmitida por mosquitos; se caracteriza por fiebre alta

microbio Ser vivo diminuto que puede producir enfermedades

néctar Líquido dulce que se encuentra en las flores

polen Sustancia de aspecto parecido al polvo que se encuentra en las flores y que éstas necesitan para producir semillas

seda Fibra resistente, delgada y pegajosa que ciertas orugas fabrican en su cuerpo

tifus Enfermedad transmitida por pulgas u otros insectos que causa fiebre y dolor de cabeza

Índice

1 2 3 4 5 6 7 8 9 0 Impreso en Canadá 5 4 3 2 1 0 9 8 7 6